ÉTUDE PRATIQUE

SUR

L'ASSAINISSEMENT

DES VILLES ET HABITATIONS

EAUX MÉNAGÈRES — DÉTRITUS URBAINS

LA MAISON

Projet de Canalisation Spéciale

POUR L'ÉVACUATION DES EAUX-VANNES DE LA VILLE DE NICE

(Système PIATTINI)

Présenté à l'Administration Municipale

PAR

J.-P. ORENGO

Administrateur-Directeur de la Société Générale d'Engrais (Anonyme)

AU NOM DE LA

SOCIÉTÉ NICOISE D'ASSAINISSEMENT

(En formation)

NICE

IMPRIMERIE VICTOR-EUGÈNE GAUTHIER ET Cie

27, Avenue de la Gare, 27

1893

ÉTUDE PRATIQUE

SUR

L'ASSAINISSEMENT

DES VILLES ET HABITATIONS

EAUX MÉNAGÈRES — DÉTRITUS URBAINS

LA MAISON

Projet de Canalisation Spéciale

POUR L'ÉVACUATION DES EAUX-VANNES DE LA VILLE DE NICE

(Système PIATTINI)

Présenté à l'Administration Municipale

PAR

J.-P. ORENGO

Administrateur-Directeur de la Société Générale d'Engrais (Anonyme)

AU NOM DE LA

SOCIÉTÉ NIÇOISE D'ASSAINISSEMENT

(En formation)

※

NICE

IMPRIMERIE VICTOR-EUGÈNE GAUTHIER ET Cⁱᵉ

27, Avenue de la Gare, 27.

—

1893

TABLE DES CHAPITRES

AVANT-PROPOS

Simple pionnier en hygiène et dégagé de toute préten-
tion scientifique, nous présentons à nos édiles cette étude
pratique sous forme de projet d'assainissement de la ville
de Nice.

Nous avons la conviction que ce modeste travail nous
vaudra la sympathie de tous ceux qui s'intéressent à la
solution de ce double problème sanitaire et agricole.

Il nous a paru indispensable, tout d'abord, d'appeler
l'attention du lecteur sur la question de principe, et de
lui signaler la nouvelle orientation qui s'est opérée en
hygiène moderne.

Cette évolution s'accentue de plus en plus dans le
monde des hygiénistes, et principalement chez les Anglais
qui, depuis 1848, sont à la tête du mouvement.

Elle vise l'application du principe de la « circulation
continue » et tend à proscrire des fleuves, des rivières et
de la mer les **excreta** des villes.

L'insuccès des méthodes employées pour l'évacuation
des eaux d'égout et pour leur épuration à froid au moyen de

matières chimiques a démontré que le drainage public, tel qu'il a été pratiqué à Londres, à Paris et dans d'autres villes d'Angleterre ou d'Allemagne, loin d'être consacré par la pratique comme on le prétend, a donné, autour des centres agglomérés, des résultats négatifs et constitue même un danger public.

C'est dire que le « Tout à l'Egout » est trahi par la persistance d'une infection vainement dissimulée sous d'énormes volumes d'eau et qu'il ne peut, malgré les précautions prises, cacher, le long de sa course, toutes les souillures dont il est le lugubre émissaire.

Rappeler ici ces résultats, c'est mettre en garde l'autorité compétente contre les risques que pourrait faire courir à cette ville de saison le régime du « Tout à l'Egout » si jamais il lui était appliqué. C'est constater que cet euphémisme à effet n'a d'autre synonyme que le mot « Pollution ».

Ce procédé sanitaire (dit *système anglais*), dont on semble se prendre d'enthousiasme facile en certain milieu de médecins et d'ingénieurs, est, en effet, d'origine britannique. Mais une réaction s'est produite, en Angleterre même, contre l'école du « Tout à l'Egout ».

Voici en quels termes s'exprime l'éminent hygiéniste Vivian Poore dans la conférence faite par lui au récent Congrès sanitaire de Brighton :

La Tamise, la Liffey, la Clyde, la Mersey et l'Irwell sont les tristes témoins de l'insuccès de ces grands projets. L'assainissement par l'eau est incomplet. C'est un travail toujours à recommencer. Nous purifions nos habitations ; mais, en revanche, nous souillons les rivières et la mer.

C'est sans doute inspiré par cet ordre d'idées que le conseil municipal de Toulon, résolument décidé à assainir les dessous de la cité et son port, vient de rejeter le

« Tout à l'Egout » et de se prononcer, à la suite du rapport de l'honorable docteur Sambuc, pour l'adoption du système tubulaire.

Quel que soit le mode général d'assainissement que pourra adopter notre vigilante édilité, nous nous estimerions heureux s'il nous était un jour permis de dire que nous avons contribué pour notre faible part à une solution économique sanitaire ainsi formulée :

Purification des dessous de Nice. — Affranchissement de la baie des Anges. — Emploi et stérilisation des eaux vannes.

J. P. ORENGO.

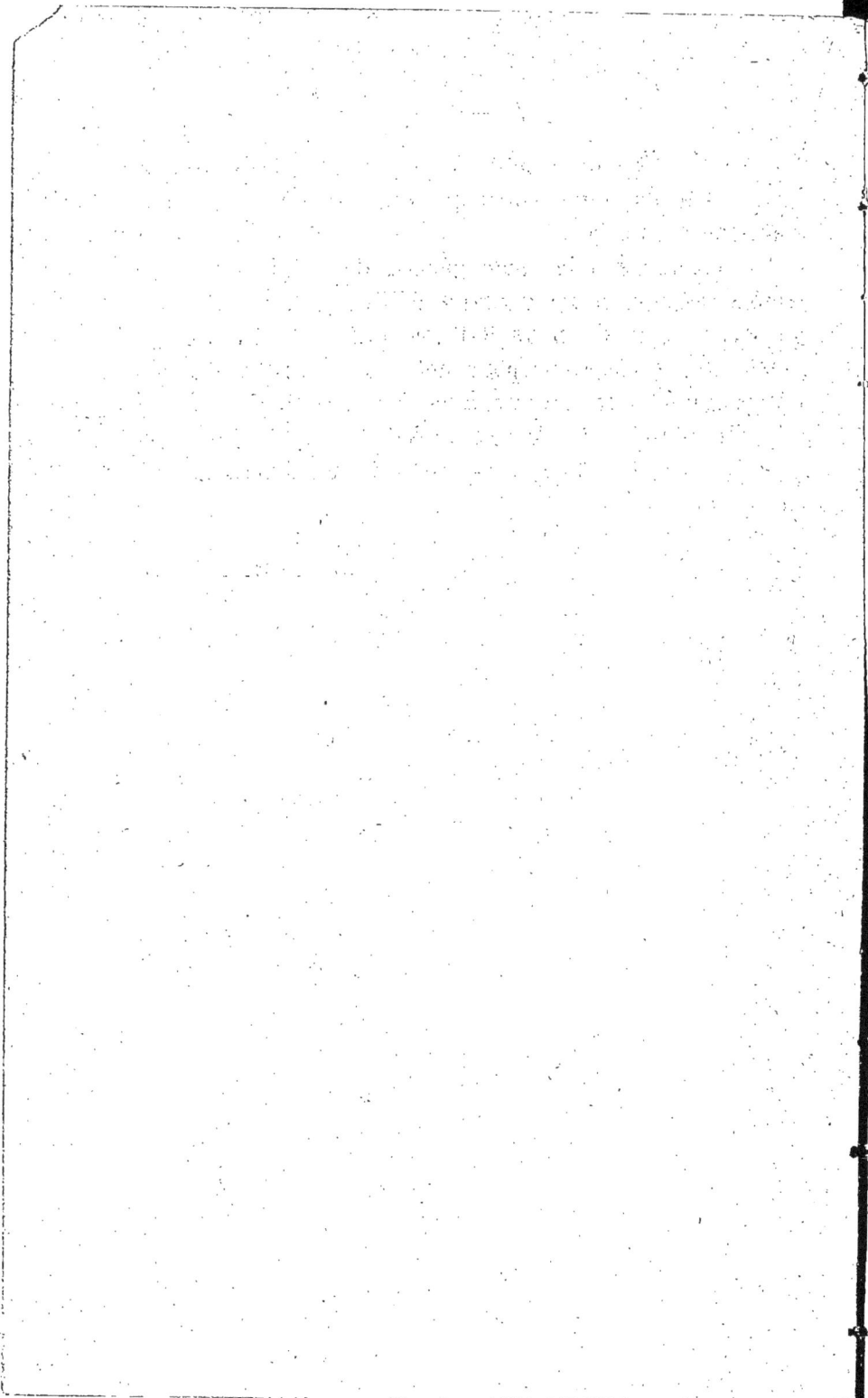

I
EXAMEN CRITIQUE

DES

Différents Systèmes d'Assainissement

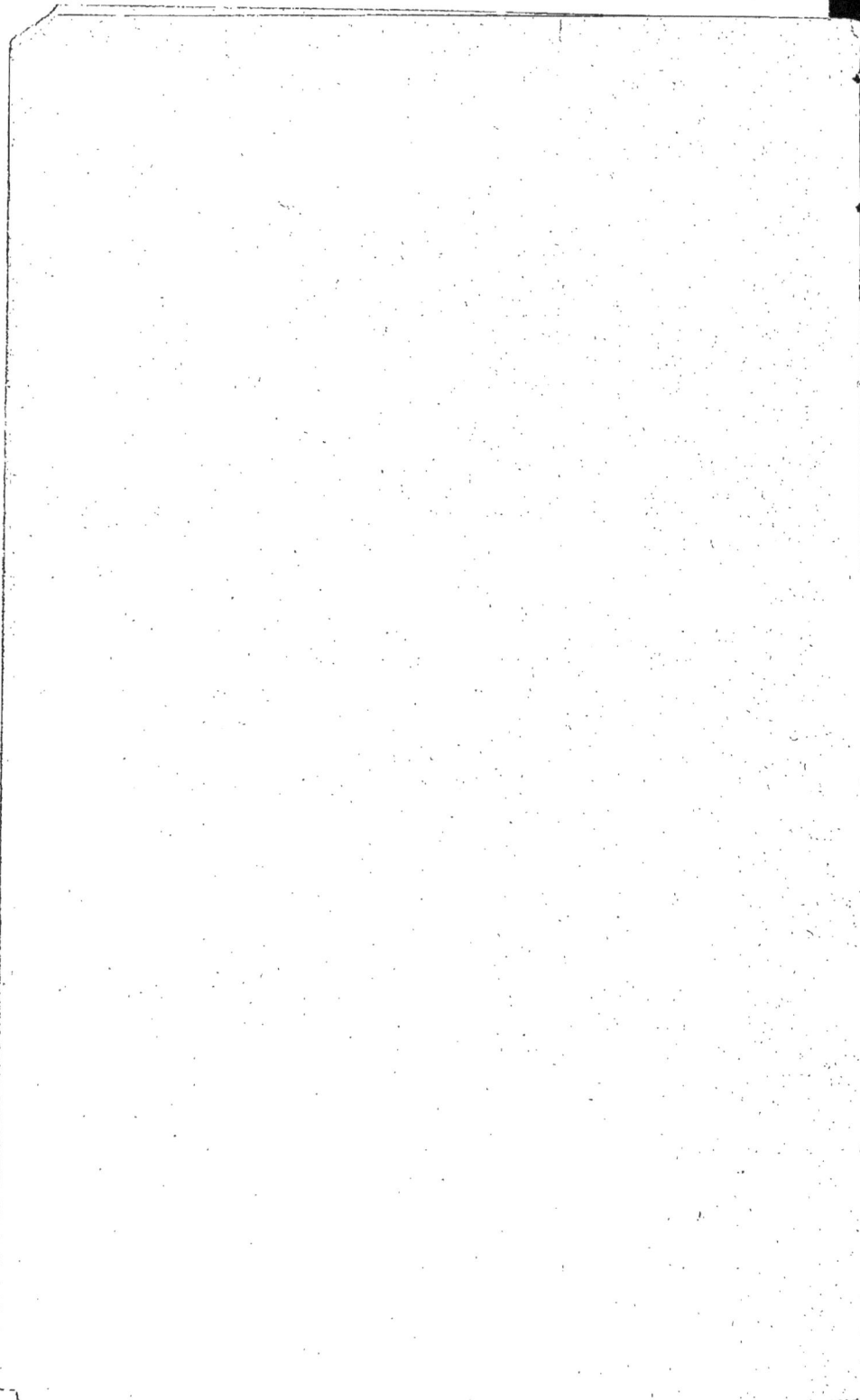

EXAMEN CRITIQUE

DES

DIFFÉRENTS SYSTÈMES D'ASSAINISSEMENT

Fosse fixe. — Fosse mobile. — Tout à l'Egout.
— Canalisation spéciale : système Waring ;
— Système Liernur ; — Système Berlier ; —
Système Shone ; — Système Piattini.

Fosse Fixe.

Les inconvénients de la fosse fixe sont connus. Résumons-les brièvement.

Le premier de tous, c'est un séjour trop prolongé des matières, perpétuant dans la maison même un foyer sans cesse renouvelé d'infection.

La fosse, telle qu'elle existe aujourd'hui, outre qu'elle ne peut être considérée comme un vase clos, puisqu'elle est exposée au contact de l'air, n'est pas suffisamment isolée de l'habitation. Par les tuyaux de chute, les matières en fermentation dégagent des miasmes dangereux qui font retour à l'intérieur.

Il est difficile de trouver une fosse assez bien construite pour éviter toute infiltration dans les sous-sols environnants. L'étanchéité parfaite des fosses n'est pourtant pas un problème insoluble.

Donc, empoisonnement de l'air et contamination du sol : tels sont les graves dangers que présente la fosse fixe actuelle et qui ont amené tous les hygiénistes à la condamner.

Au point de vue édilitaire, la fosse fixe a offert jusqu'ici les inconvénients d'une difficile réglementation. Certains modes de vidange ont presque toujours été défectueux. De plus, les propriétaires ont une facilité trop grande de se brancher sur l'égout et d'établir des surverses clandestines qui empoisonnent la cité.

Fosse Mobile.

Plus encore que la fosse fixe, la fosse mobile, ou tinette, a l'inconvénient d'être livrée à l'arbitraire des particuliers. Elle exige une surveillance qui, souvent, fait défaut, de telle sorte que si on néglige de retirer en temps utile la tinette pleine pour la remplacer par une vide, il se produit des déversements qui sont une cause de malpropreté et d'infection.

Quant aux tinettes filtrantes qui permettraient de retenir la matière solide pour ne laisser aller que les liquides à l'égout, il a été démontré que nul système diviseur ne pouvait opérer exactement ce départ, et ce procédé a été exactement qualifié lorsqu'on a dit de lui qu'il n'était que « l'hypocrisie du Tout à l'Egout ».

Tout à l'Égout.

En apparence, le Tout à l'Egout réalise un progrès sur les méthodes encore barbares de la fosse fixe et de la fosse mobile ; en réalité, il ne fait qu'aggraver leurs inconvénients en les généralisant.

Au fond le Tout à l'Egout n'est qu'un expédient, car il emprunte pour le transport des vidanges des émissaires affectés à une tout autre destination : eaux pluviales, eaux de lavage des rues, eaux ménagères, eaux industrielles.

Ce mode d'évacuation exige des conditions qui ne sont presque jamais réalisées.

Les égouts étant d'ordinaire à grande section, il faut

y amener des quantités énormes d'eau (on les évalue à 1.000 litres par habitant et par jour) ; et de plus une forte pente est nécessaire. Ces trois éléments (section de l'égout, volume de l'eau, pente du sol) qui constituent dans leur ensemble la fonction de l'égout, doivent être combinés de manière à assurer l'écoulement. C'est compliquer le problème au point de le rendre presque insoluble.

La meilleure preuve que l'écoulement naturel n'est pas obtenu, c'est que, dans ce système, on est obligé d'employer les chasses d'eau intermittentes, c'est-à-dire de faire appel à un véritable moteur hydraulique. Or, ce moteur est précaire. En premier lieu, son action n'est pas continue ; les chasses ne se produisent que de loin en loin, elles ne sont pas générales, elles sont partielles. Secondement rien ne garantit que l'on disposera toujours du volume d'eau exigé, le débit étant variable et soumis aux fluctuations alternatives des crues et des sécheresses.

Le résultat le plus clair des imperfections de ce système, c'est une stagnation inévitable dans les égouts, pour peu que l'une ou l'autre des conditions imposées ne se réalise pas. Le plan d'eau ne saurait se maintenir constamment au même niveau. Dès lors, c'est un arrêt des matières putrescibles, et, comme conséquence, l'infection générale par l'éclosion des germes infectieux de la fièvre typhoïde et du choléra.

A Nice, les égouts sont à grande section. Le volume d'eau pour les remplir est bien loin d'être assuré. Fût-il de 60.000 m. c. par jour, comme on le prétend, il ne suffirait pas encore : à raison de 1 m. c. par habitant, il ne faudrait pas moins de 100.000 m. c. quotidiens pour laver nos égouts. Enfin la pente du sol est insuffisante, puisqu'elle varie de 1 à 5 m.m. par mètre, alors que des pentes de 10, de 12 et de 15 devraient être exigées dans toutes les parties du réseau.

Un des grands reproches que l'on adresse au système du Tout à l'Egout, c'est de priver la culture de l'engrais naturel qui devrait lui faire retour. Les eaux vannes que l'on rend à la terre ont perdu une bonne partie des principes fertilisants contenus dans les matières vertes.

Ces eaux vannes, dont le volume est considérable, ne peuvent avoir que deux sortes de débouché : ou les champs épurateurs, qui ne tardent pas à se saturer, et alors il faut en chercher de nouveaux ; ou les eaux de la mer et des fleuves, et alors il faut craindre l'infection de quelque plage voisine ou lointaine.

Au total, les germes infectieux ne sont pas détruits par la dilution du Tout à l'Egout ; ils ne sont que promenés ça et là, avec menace d'éclore sur un point ou sur un autre, à la première occasion, à moins qu'ils ne soient détruits par la combustion du sol dans les champs épurateurs.

Malheureusement la banlieue de Nice ne peut offrir aucun terrain apte, soit comme étendue, soit comme qualité du sol, à servir de champ d'épuration, et il faut renoncer à ce débouché pour notre réseau, s'il était ramené au système du Tout à l'Egout.

D'autre part, le déversement en mer est chose tout à fait impossible, car il n'existe, à distance raisonnable de Nice, aucune plage inhabitée pouvant recevoir sans danger les déjections d'une population de 100.000 habitants.

Par toutes ces raisons, nous sommes amenés à conclure que les procédés du Tout à l'Egout ne sont pas moins inapplicables à la ville de Nice que les méthodes plus arriérées de la fosse fixe et de la fosse mobile.

Canalisation spéciale.

C'est précisément pour conjurer les graves inconvénients du Tout à l'Egout que l'on a eu recours au système de la canalisation spéciale, connu aussi sous le nom de *separate system*, ou encore de système tubulaire.

Pour s'affranchir des énormes masses d'eau qu'exigent les grandes sections des égouts, on a résolu de rejeter de la canalisation toutes les eaux pluviales, voire même les eaux ménagères, ce qui permet d'utiliser des tubes de petite ou de moyenne dimension et de n'y admettre que les vidanges proprement dites.

Le premier en date de ces systèmes est celui de l'ingénieur Waring.

Système Waring.

A part le moindre volume d'eau nécessaire à la propulsion et l'avantage du transport en vase clos, on peut adresser au système Waring les mêmes reproches qu'à celui du Tout à l'Egout.

Le plus grand défaut de ce système, c'est qu'il se sert de la pente naturelle du sol pour assurer l'écoulement des liquides. Or, dans toutes les villes où cette pente est insuffisante (et c'est le cas pour Nice) le système est forcément inapplicable. L'encrassement des conduits et l'arrêt des matières ne peuvent être évités.

Comme ceux du Tout à l'Egout, les procédés Waring, admettant l'eau dans leur canalisation, détruisent l'engrais naturel, par l'effet d'une dilution qui, sans être « excessive », n'en est pas moins destructive de tous les principes fécondants.

Comme le Tout à l'Egout encore, le système Waring ne détruit pas les germes infectieux. A défaut de champs d'épuration, il réclame le déversement en mer ou en rivière, au grand danger des riverains situés vers le point terminus.

Système Liernur.

Le système Liernur n'a de remarquable que sa grande complication. Faisant arriver les matières directement de la maison dans la canalisation de la rue et de là dans les fosses communes de quartier, il procède par aspiration. Mais il a le tort de multiplier, avec les susdits réservoirs, les moyens mécaniques à tel point que ses procédés sont devenus, pour ainsi dire, impraticables et que son application reste limitée, croyons-nous, à la seule ville d'Amsterdam.

Système Berlier.

Ce système a, sur le précédent, l'avantage d'une plus grande simplicité. Il se distingue par une application méthodique, faite en grand, du principe de l'aspiration pneumatique.

C'est un progrès important dans le mode de transport des vidanges.

Comme on s'était affranchi des égouts à grande section et des énormes volumes d'eau par l'emploi d'une canalisation spéciale à petit diamètre, on s'affranchit maintenant des conditions de pente et de niveau. L'aspiration pneumatique, applicable en tout temps et en tous lieux, a déjà le caractère d'un procédé scientifique commode et à la portée de tous. On approche de la solution vraie.

Malheureusement le système Berlier est imparfait dans quelques-unes de ses parties, et notamment à la sortie de la maison. Deux appareils y sont placés :

Le premier est un récepteur chargé d'arrêter au passage les corps étrangers et de réduire les corps encombrants et volumineux. A cet effet, il est muni dans sa partie inférieure d'une grille, et, dans sa partie supérieure, d'un broyeur ou malaxeur, que l'on actionne à la main. Cet appareil doit être fréquemment visité et manipulé, ce qui constitue une notable servitude.

Le deuxième appareil est destiné à faire passer les matières dans la canalisation sans que l'air puisse y être aspiré, ce que l'on obtient au moyen d'une soupape qui se soulève à l'aide d'un flotteur quand le récepteur est plein et qui se ferme avant que le liquide soit complétement évacué.

Mais l'écueil du système Berlier consiste dans la solidarité inévitable entre toutes ses parties. N'ayant à sa disposition que l'aspiration, son action pneumatique est limitée. En outre, qu'une obstruction se produise sur un point quelconque et tout s'arrête.

Que, par exemple, dans l'évacuateur Berlier, le corps le plus petit s'introduise entre la soupape et l'orifice qui lui sert d'appui, aussitôt l'air pénètre dans la canalisation, le vide cesse de s'opérer et l'évacuation des matières est interrompue simultanément dans tous les water-closets.

En dépit du récepteur, de sa grille et de son malaxeur, de tels accidents se produisent avec fréquence ; et le plus difficile, pour en conjurer les effets, c'est de retrouver, entre toutes les nombreuses soupapes, celle qui ne fonctionne pas.

Le système Berlier est, comme on le voit, soumis à trop de risques dans son application. Il est malheureusement dépourvu d'équilibre et de sécurité.

Système Shone.

A l'inverse du système précédent, qui n'emploie que l'aspiration, le système Shone a recours uniquement à la compression. Il est basé sur l'application étendue et méthodique des propriétés mécaniques de l'air comprimé.

Les avantages de l'air comprimé pour la propulsion des liquides sont indéniables et réalisent un sérieux progrès.

Toutefois, M. Shone en employant pour l'expulsion des matières de l'air comprimé à courant constant, est contraint de placer un distributeur d'air dans chacun de ses réservoirs, ce qui augmente le nombre des mécanismes dans l'intérieur de la ville. Or, il faut éviter un tel inconvénient parce qu'il pourrait exposer une population à l'intermittence des services au lieu d'assurer leur continuité. En multipliant les foyers de propulsion, M. Shone détruit l'unité de son système d'évacuation.

Système Piattini.

Profitant des erreurs de ses devanciers, l'ingénieur Piattini a conçu un système rationnel et complet sans complication aucune et très ingénieux dans sa simplicité.

Il applique au transport des matières de vidanges la double action pneumatique, procédant alternativement par aspiration et par refoulement. Son appareil n'est en réalité qu'une vaste pompe aspirante et foulante, mais une pompe munie des organes et des rouages perfectionnés que procure la science moderne.

C'est un retour raisonné à la simple pompe à eau, après tant de recherches et de tâtonnements, après tant d'utopies irréalisables. Il y a là, en même temps qu'une preuve du sens pratique de l'inventeur, une garantie certaine de l'excellence du procédé.

L'évacuation, à partir des maisons, se fait par aspiration dans un petit récipient clos où viennent aboutir les tuyaux de chute des water-closets et où ces matières déposent les corps lourds ou encombrants qui pourraient obstruer les canalisations.

Les tubes d'aspiration convergent vers un petit nombre d'appareils pneumatiques propulseurs des matières ; celles-ci, ayant été ainsi aspirées, sont refoulées ensuite jusqu'à l'usine de stérilisation ou jusqu'aux champs par une conduite spéciale.

La matière arrive au point terminus sans avoir, malgré une dilution relative, rien perdu de ses qualités fertilisantes : aussi peut-elle être employée directement pour

l'agriculture. Les excédents vont à l'usine, où ils sont sans retard stérilisés par le feu. C'est la soupape de sûreté de tout le système. Rien de nuisible ne subsiste, rien d'utile n'est perdu.

Tel est, dans son ensemble, le système d'évacuation inventé par l'ingénieur Piattini. On verra plus loin, par le soin minutieux avec lequel tous les cas ont été prévus, que M. Piattini s'est rendu maître des matières de vidanges comme on l'est déjà dans les villes de fluides tels que l'eau et le gaz. Son système, on peut le dire sans crainte de se tromper, est le dernier mot de la canalisation spéciale.

II

CANALISATION SPÉCIALE

Exposé du Système Piattini

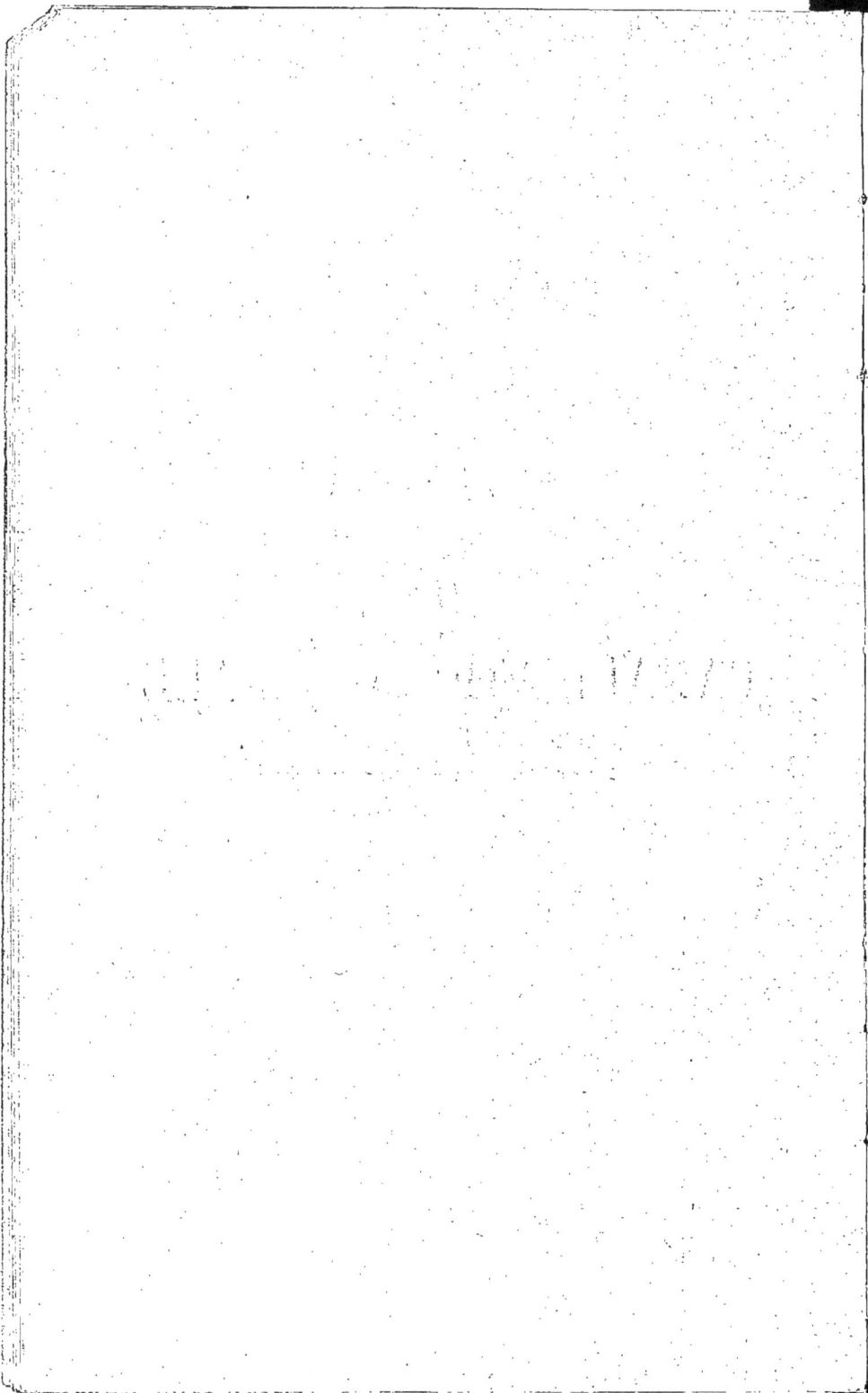

CANALISATION SPÉCIALE

EXPOSÉ DU SYSTÈME PIATTINI

I. — Evacuation immédiate.

Préoccupé avant tout de remédier aux inconvénients de la fosse fixe, l'ingénieur Piattini a voulu assurer aux matières qui proviennent des water-closets un écoulement rapide, sans arrêt ni stagnation.

Il y parvient au moyen de deux canalisations distinctes et de deux appareils spéciaux :

1º Un réseau général de conduits collecteurs dans toute la ville — subdivisée en un certain nombre de secteurs — lequel permet d'aspirer les eaux fécales depuis la maison et de les faire converger en des points bas.

2º Une conduite émissaire, formant circuit fermé, et passant par tous les points où convergent les conduits collecteurs. Là sont placés les appareils propulseurs de ces liquides.

3° Des appareils propulseurs ou grandes pompes pneumatiques, ayant pour effet d'aspirer les liquides par les conduits collecteurs et de les refouler hors la ville par la conduite émissaire ;

4° Enfin un appareil évacuateur, où arrivent toutes les matières d'une maison ou d'un groupe de maisons formant île, cet appareil ayant pour effet de ne permettre que l'aspiration des eaux fécales, en évitant celle de l'air, et d'arrêter les corps lourds et les corps légers, qui pourraient obstruer les conduits tubulaires.

Nous allons fournir la description sommaire de ces appareils.

Collecteur-Évacuateur.

Le collecteur-évacuateur est un petit récipient métallique — entièrement clos — dont la capacité ne dépasse pas quelques mètres cubes.

Cet appareil est placé en sous-sol dans les cours, les jardins, voire même dans les caves, et, dans tous les cas, dans un lieu accessible au personnel de surveillance.

A cet appareil arrivent toutes les matières d'une maison ou d'un groupe de maisons formant île. Les colonnes verticales des chutes se terminent au bas par un coude de grand rayon et se prolongent horizontalement par des tuyaux en fonte pouvant supporter la pression. Les collecteurs étant placés en contre-bas des water-closets, il sera toujours possible de ménager une pente qui assure l'écoulement de ces matières (3 p. 0/0 de charge effective sont plus que suffisants).

Les tuyaux des colonnes verticales ainsi repliées horizontalement et prolongés jusqu'au collecteur-évacuateur s'embranchent les uns aux autres de façon à n'avoir qu'un seul tuyau de décharge dans ce récipient.

Ce tuyau aboutit dans le susdit récipient à mi-hauteur, de sorte que les corps lourds se déposent au fond et les corps légers s'élèvent à la surface.

Les liquides sont constamment aspirés et il n'y a ni arrêt ni stagnation.

La prise du tuyau d'aspiration est reportée à peu près au tiers de la hauteur du collecteur, et l'aspiration du liquide est réglée par une soupape à flotteur qui empêche celle de l'air.

Le flotteur, la soupape et l'embouchure du tuyau d'aspiration sont protégés contre les corps flottants par un cylindre vertical qui descend au-dessous de ladite embouchure et s'élève jusqu'au haut du collecteur. Ce tuyau peut être ouvert par le haut de manière à pouvoir retirer au besoin le flotteur et la soupape, sans suspendre l'alimentation du collecteur.

Auprès des collecteurs-évacuateurs, mais déjà dans la rue, sont placés des robinets vannes, qui permettent d'isoler les collecteurs de la conduite d'aspiration, de sorte qu'en cas d'accident, l'inconvénient est localisé dans la maison ou l'île où il s'est produit, et le service continue sans aucune interruption pour le reste de la ville.

De même, en cas d'épidémie, il sera possible d'isoler toute maison ou toute île dans laquelle elle se sera manifestée et de désinfecter les déjections dans le collecteur même.

En un mot, le collecteur est la sécurité de la maison au point de vue judiciaire, car il arrête les corps délictueux, — de la ville au point de vue sanitaire, car il permet de localiser une épidémie — enfin de l'écoulement des eaux fécales, car il les débarrasse des corps hétérogènes.

Propulseurs.

Comme nous l'avons dit, les eaux fécales ne séjournent pas dans les récipients collecteurs. Elles sont immédiatement aspirées et refoulées en suite par les propulseurs.

Les propulseurs, ou pompes pneumatiques, sont des appareils complétement clos au bas desquels pénètrent deux tubes, l'un d'aspiration venant du récipient collecteur, et l'autre de refoulement se rendant à la conduite émissaire. Dans ces tubes sont placées des soupapes disposées de manière à ne permettre l'écoulement que dans une seule direction.

Dans le haut du propulseur pénètre une conduite d'air partant de la station motrice. C'est par cette conduite que s'opère la raréfaction et la compression alternatives de l'air.

Par la raréfaction, la soupape placée à l'orifice du tube d'aspiration se soulève et le propulseur se remplit. Par la compression, la soupape du tube de refoulement se déplace et le propulseur se vide.

Cette double action se produit à distance par un piston d'air ; et de la sorte l'évacuation des liquides n'est réglée en ville que par quelques soupapes, comme dans les pompes ordinaires.

L'action progressive de l'air comprimé met à l'abri des coups de bélier, si nuisibles aux conduites. De même, le jeu des soupapes se fait sans chocs violents et sans bruit.

Avec des moteurs d'une puissance suffisante, l'évacuation des liquides est aussi régulière que lorsqu'elle est réglée par la pression naturelle d'un réservoir élevé. De plus, en faisant varier convenablement la puissance motrice, il sera toujours possible d'obtenir une émission proportionnelle à la variation dans la production de ces liquides.

II. — Aspiration et refoulement.

Les ingénieurs qui, jusqu'ici, ont recouru à l'action pneumatique pour l'évacuation des eaux fécales n'ont généralement employé que l'un de ses effets.

Ainsi l'ingénieur Berlier s'appuie exclusivement sur l'aspiration, tandis que l'ingénieur Shone n'applique que la compression. M. Piattini, au contraire, utilise les deux effets ; et nous allons examiner avec quels avantages pour la simplicité des appareils et la régularité du service.

Avantages sur le Système Shone.

Avec la double action pneumatique, le remplissage des propulseurs est obtenu par l'aspiration, laquelle peut s'exercer jusqu'à 7 ou 8 mètres de profondeur, ce qui permet de placer ces propulseurs au niveau du sol. Les soupapes et les robinets sont donc reportés au même niveau.

Si, comme dans le système Shone, le remplissage des propulseurs s'effectue par simple gravitation, ceux-ci doivent être placés à un niveau inférieur à celui des récipients collecteurs, c'est-à-dire enfouis à un point très bas. La pose des appareils est difficile, leur surveillance moins directe ; et les manœuvres des robinets et soupapes, quand elles sont nécessaires, obligent le personnel à descendre dans le sous-sol.

Ce sont ces conditions de pose et de surveillance qui sont un obstacle à la généralisation complète du système Shone, non moins que la complication de ses mécanismes. En effet, avec la simple compression, chaque expulseur doit être muni d'un distributeur d'air afin de suspendre périodiquement le courant durant le remplissage.

Tandis que la double action pneumatique est réglée par la station motrice, et la propulsion des liquides n'est par suite confiée en ville qu'au jeu des soupapes, comme dans les élévations d'eau par les procédés ordinaires.

Avantages sur le Système Berlier.

Le système Berlier comporte un évacuateur à soupape au pied de chaque tuyau de chute. Or, comme il y a dans Nice cinq à six mille maisons et en moyenne trois chutes par maison, ce sont *quinze à dix-huit mille soupapes* qui régleront en ville l'évacuation.

Avec le système Piattini, le nombre des soupapes est très restreint, puisqu'il n'y a guère que 350 îlots ou groupes de maisons. Or, le nombre de collecteurs-évacuateurs peut être réduit, à la rigueur, à ce chiffre : il n'y aura donc, dans toute la ville, que 350 soupapes.

Dans le système Berlier, l'aspiration des matières se faisant au pied des chutes, l'action pneumatique doit s'étendre à toute la canalisation et pénétrer même dans les habitations. Ainsi, pour la ville de Nice, elle devra agir dans un réseau de plus de 150 kilomètres. Or, comme les pertes sont proportionnelles au développement des conduites, on ne peut que concevoir des doutes sérieux sur l'efficacité de l'aspiration appliquée à un aussi vaste réseau. D'autant plus que la puissance de raréfaction ne représente pratiquement qu'une dépression en eau de 7 m. 50, sans aucune possibilité de l'augmenter. La simple raréfaction se prête mal, on le voit, à un service aussi variable que l'évacuation des eaux fécales dans une ville où la population passe du simple au double avec les saisons.

Par la subdivision de la ville en secteurs, desservis

chacun par un propulseur, comme l'indique le système Piattini, l'action pneumatique est localisée et le développement total des conduits solidaires ne dépasse pas, dans chaque groupe, dix kilomètres.

Avec ce système, la puissance de propulsion n'a d'autre limite que la résistance des tuyaux et la force motrice disponible. Or, si l'on considère que la conduite sous pression qui doit évacuer les eaux fécales hors la ville n'aura que 7 kilomètres et demi de développement ; si l'on se rend compte que la force motrice requise est très faible, on se convaincra aisément de la supériorité du système Piattini.

Autres avantages.

Il n'est pas inutile de faire obserser ici qu'avec la double action pneumatique, on opère toujours sur la même masse d'air, alternativement aspirée et comprimée d'un propulseur à l'autre. Tout se passe donc en vase clos — pour l'air et pour les eaux fécales — de sorte qu'aucun gaz méphitique n'est rejeté dans l'atmosphère, ce qui n'a point lieu avec les autres systèmes.

Enfin, dans les cas d'épidemie, il sera possible d'isoler l'évacuation d'un secteur ou quartier, de même quil a été dit pour la maison, en interrompant le circuit fermé de la conduite émissaire et en donnant aux liquides diverses issues vers la campagne.

Comme on a pu le voir, et pour résumer cette partie de notre travail, rappelons que le réseau de la conduite d'air, qui relie les propulseurs entre eux, forme un circuit fermé dans lequel le vide et le plein se produisent alternativement, une moitié des propulseurs se remplissant pendant que l'autre se vide.

Moteurs.

De la station motrice part la conduite spéciale (aboutissant à chaque propulseur) au moyen de laquelle s'opèrent la raréfaction et la compression alternatives de l'air.

Cette conduite est absolument indépendante du réseau où circulent les eaux fécales ; et la rencontre de l'air avec ces eaux ne se fait qu'au moment où elles arrivent dans le propulseur pour être immédiatement chassées dans les conduites émissaires qui les transportent hors la ville.

La force motrice nécessaire pour la rapide évacuation de ces eaux n'est pas aussi considérable qu'on pourrait le croire. Il est facile de s'en rendre compte si l'on observe que la production des eaux fécales par 24 heures pour une population de 100.000 habitants, à raison de 8 litres 1/2 par habitant, ne représente guère qu'un débit de 10 litres par seconde. L'aspiration à quelques mètres de profondeur et le refoulement à 10 kilom. de ce faible débit (avec des tuyaux variant de 90 à 250 millimètres de diamètre) n'exige pas plus de 30 chevaux vapeur dans les conditions les plus difficiles d'expulsion.

Ainsi tombent toutes les objections que l'on pourrait faire à cette application de la propulsion des liquides par la double action pneumatique. Une force de 30 chevaux est facile et peu coûteuse à obtenir. Les frais d'une telle exploitation sont donc considérablement réduits.

La pression normale sera d'une atmosphère et demie ; mais elle pourra s'élever éventuellement. Et comme, en quadruplant la pression de l'air, on double le débit de l'eau, il s'ensuit qu'en portant cette pression à six atmosphères, le débit des eaux fécales s'élèvera de 10 à 20 litres par seconde.

Cette éventualité est à prévoir, étant donné les variations quelquefois considérables dans la production quotidienne des eaux fécales. Les tuyaux ordinaires du commerce résistant à 10 atmosphères, la pression éventuelle à six atmosphères, si elle est atteinte, n'a donc rien d'inquiétant.

La force motrice nécessaire pour comprimer l'air à six atmosphères sera le triple de celle nécessaire pour le comprimer à une et demie. Pour faire face à toutes les éventualités du service, il suffira donc d'avoir à sa disposition des machines permettant de faire varier rapidement la puissance motrice.

A cela se prêtent admirablement les moteurs à vapeur ; et l'on aura soin d'avoir toujours deux moteurs de vingt chevaux sous pression et un troisième de réserve.

III. — Emploi direct pour l'agriculture.

Une conduite émissaire réunit tous les propulseurs ; et les eaux fécales, rapidement chassées hors la ville, sont transportées soit dans les champs pour y être utilisées comme engrais, soit dans les usines de stérilisation.

Volume des déjections.

On a calculé que le volume des eaux fécales produites par une ville représentait à peine le dixième des eaux potables nécessaires à son alimentation. Comme il a été dit plus haut, il ne saurait dépasser dix litres par seconde pour la ville de Nice. Il est facile de voir par là combien est simplifié le problème de leur évacuation hors la ville et de leur transport à la campagne.

Vitesse d'écoulement.

La vitesse d'écoulement étant de un mètre par seconde, soit 3.600 mètres par heure, il en résulte que les eaux fécales passeront, en moins de deux heures, des évacuateurs situés en ville, aux dépôts en campagne, et que la fermentation ammoniacale pourra se compléter dans ces réservoirs, car elle exige quarante-huit heures pour être complète à la température ordinaire. L'ammoniaque, transformé en carbonate, reste dissous dans le liquide et peut alors être entièrement utilisé par la végétation.

Transport à prix réduit.

Le transport des eaux fécales par voie de propulsion mécanique dans une canalisation étendue à la zone suburbaine offre d'incomparables avantages sur le transport en voiture. La réduction des dépenses est considérable et peut être évaluée à un dixième du prix du transport ordinaire. La zone d'exploitation actuelle peut donc être centuplée sans augmentation de frais.

Pour les terrains situés en colline, il est à remarquer que l'élévation mécanique des liquides coûte, par chaque 10 mètres de hauteur, autant que leur transport sur route à 10 kilomètres. On pourra donc atteindre des hauteurs de 50 à 60 mètres avec les mêmes frais que ceux nécessités pour le transport horizontal à 5 ou 6 kilomètres.

La Société de vidanges de la ville de Lyon, dirigée par l'ingénieur Burelle, exploite depuis une dizaine d'années une canalisation forcée qui se prolongeait à 8 kilomètres de la ville et qui, depuis trois ans, s'étend jusque à 30 kilomètres.

Les vidanges sont versées dans un bassin au centre même de la ville, et de là refoulées mécaniquement jusqu'à ces distances. Cet exemple est concluant pour démontrer quelle peut être la modicité du prix de transport.

Zones suburbaines.

La canalisation rurale, tout comme la canalisation urbaine, est susceptible d'extension progressive ; et l'irrigation des campagnes pourra s'étendre à de nouvelles zones au fur et à mesure des besoins, sans autre installation que celle des conduites. Ces conduites ne sont jamais exposées à une pression supérieure à une atmosphère, car à tous les dix kilomètres de développement horizontal et pour tous les dix mètres de hauteur verticale, on a recours à un nouveau propulseur. La centralisation des moteurs dans une seule station et la possibilité d'appliquer une pression constante et modérée sont à cet égard une précieuse garantie.

Richesse en azote.

L'objectif essentiel du système Piattini, après l'évacuation immédiate des matières hors la ville, est la fertilisation des campagnes par la conservation totale de l'engrais. Sa supériorité est incontestable à ce point de vue sur le système du Tout à l'Egout qui noie les principes fertilisants dans des quantités énormes d'eau.

C'est pour mieux assurer la richesse en azote des eaux fécales que le système Piattini exclut totalement de sa canalisation les eaux ménagères provenant des éviers.

Nous ferons connaître plus loin le mode d'évacuation qui peut être réservé à ces dernières.

Ne transportant donc qu'un liquide sans aucun mélange qui n'est jamais en contact ni avec l'atmosphère ni avec le sol et qui parvient à sa destination en moins de deux heures, l'ingénieur Piattini est assuré de rendre à la culture très rapidement tous les éléments qui sont nécessaires à la végétation ; et il satisfait ainsi, de la manière la plus complète, au grand principe de la restitution qui est la base fondamentale de tout bon système d'assainissement.

La richesse en azote des eaux fécales ainsi transportées en vase clos est supérieure à celle des matières actuellement extraites des fosses fixes qui sont exposées à l'évaporation d'une part, et d'autre part aux infiltrations dans le sol, cause incessante de déperdition pour l'engrais naturel contenu dans ces matières.

Fluidité des eaux fécales.

A leur sortie du collecteur évacuateur, les eaux fécales sont homogènes et coulantes ; elles n'encrassent point les parois des tuyaux et n'y déposent aucun sel incrustant. C'est ce qui a permis aux ingénieurs qui se sont occupés de la canalisation de ces liquides dans de pareilles conditions de prendre pour base de leur travaux les formules établies pour la canalisation de l'eau. (BURELLE, *lettre à l'ingénieur Piattini, du 22 juin 1886*).

IV. — Traitement à l'usine des excédents.

Il n'est pas à supposer que la totalité des eaux fécales qui sera transportée hors la ville trouve son emploi direct et immédiat pour les besoins de l'agriculture. Au début surtout, lorsque le cultivateur, peu habitué à ce mode rapide d'utilisation, ne comprendra pas encore le fonctionnement du service en campagne, il faut s'attendre à des excédents relativement considérables.

Dès lors apparaît la nécessité d'éliminer ce surplus ; et comme à aucun prix, on ne saurait admettre le déversement à la mer, la Société Niçoise d'Assainissement entend pourvoir à l'installation d'une usine où les dits excédents seront traités par les procédés industriels. C'est la soupape de sûreté du système.

Bassins de Décantation et de Précipitation.

Les eaux fécales, dès leur sortie de la conduite émissaire évacuatrice, sont soumises au traitement chimique dans des bassins de décantation et de précipitation hermétiquement clos.

Des réactifs appropriés permettent d'obtenir, après un temps qui ne dépasse pas huit jours : 1° des tourteaux de phosphate ammoniacaux magnésiens ; 2° des tourteaux d'engrais solide dont la dissécation complète a lieu dans des séchoirs-étuves autoclaves.

Ainsi sont extraits les principes fertilisants que renferment ces eaux.

Thermo-Stérilisateur.

Les éléments infectieux contenues dans les eaux fécales sont complètement détruits par la chaleur.

Après avoir donné, par décantation et précipitation, leurs tourteaux de magnésie et d'engrais sec, ces eaux sont amenées dans un serpentin à tuyaux concentriques dit thermo-stérilisateur. Le liquide contaminé, réchauffé préalablement, pénètre dans l'appareil et après une longue circulation dans les tuyaux concentriques du serpentin, où il s'élève graduellement à la température de 95 à 105 degrés centigrades, en ressort à l'état de liquide stérilisé et clair.

Ce liquide est inodore, limpide, complètement dépouillé d'éléments organiques putrescibles et n'offre, par conséquent, pas le moindre danger pour la santé publique.

C'est alors qu'on peut sans inconvénient aucun évacuer en mer ou en rivière le résidu clair de ces opérations. Rien dans ce liquide purifié ne peut désormais contaminer ni l'air ni le sol.

Objet réel du Traitement à l'Usine.

L'objet réel du traitement à l'usine des excédents non utilisés par l'agriculture est la désinfection complète de matières nuisibles qui ne sauraient être impunément livrées à la circulation. C'est une opération d'hygiène et de salubrité.

Etant donné surtout la quantité de combustible nécessaire pour porter à la température de l'ébullition cinq ou six cents mètres cubes d'eaux fécales par jour qui pourront, à de certaines périodes, affluer à l'usine ; étant donné en outre le faible rendement des produits et sous-produits obtenus, il est facile de concevoir que l'usine dont il s'agit ne saurait jamais être considérée comme une usine de rapport.

Elle ne fait que répondre aux exigences d'un service sanitaire général indispensable.

V. — Résumé du Système Piattini.

(a) Le système est basé sur le principe de la double action pneumatique. Il procède par aspiration et par refoulement des eaux fécales ;

(b) Il aspire à la maison et il refoule hors la ville jusqu'à l'usine de stérilisation ou aux champs d'utilisation :

(c) Il ne comporte qu'un très petit nombre d'évacuateurs (350 environ) et une douzaine de propulseurs ;

(d) La force motrice nécessaire ne dépasse pas 30 chevaux vapeur ;

(e) L'apparente complication du système est largement compensée par la rapidité et la sécurité du service.

(f) Le développement des deux réseaux de conduite des eaux fécales — collecteurs et émissaires — plus celui de la conduite d'air, ne dépassent pas cent kilomètres ;

(g) Des conduits économiques en ciment pour la distribution à la campagne permettent d'étendre au loin cette distributton ;

(h) Les excédents non utilisés pour la culture sont

évacués par la canalisation spéciale dans l'usine extra-muros où ils sont traités chimiquement en vase clos. — Les principes fertilisants sont extraits par décantation et précipitation et forment des tourteaux de magnésie et d'engrais sec. — Les éléments infectieux sont détruits par la chaleur ; et le liquide clair qui résulte de cette dernière opération peut être évacué sans danger en mer ou en rivière.

En un mot :

Séparation des eaux fécales d'avec tous autres liquides. — Évacuation rapide. — Transport en vase clos sans rejet de gaz méphitiques dans l'atmosphère. — Stérilisation des excédents. — Utilisation agricole sous forme liquide et sous forme solide. — Isolement de la maison ou de l'îlot ; évacuation indépendante des produits d'un quartier éventuellement infecté.

Tels sont les avantages principaux du système Piattini. Il résout de la manière la plus satisfaisante le problème sanitaire et le problème agricole. Il assure sans difficultés l'hygiène des villes et la fertilité des campagnes.

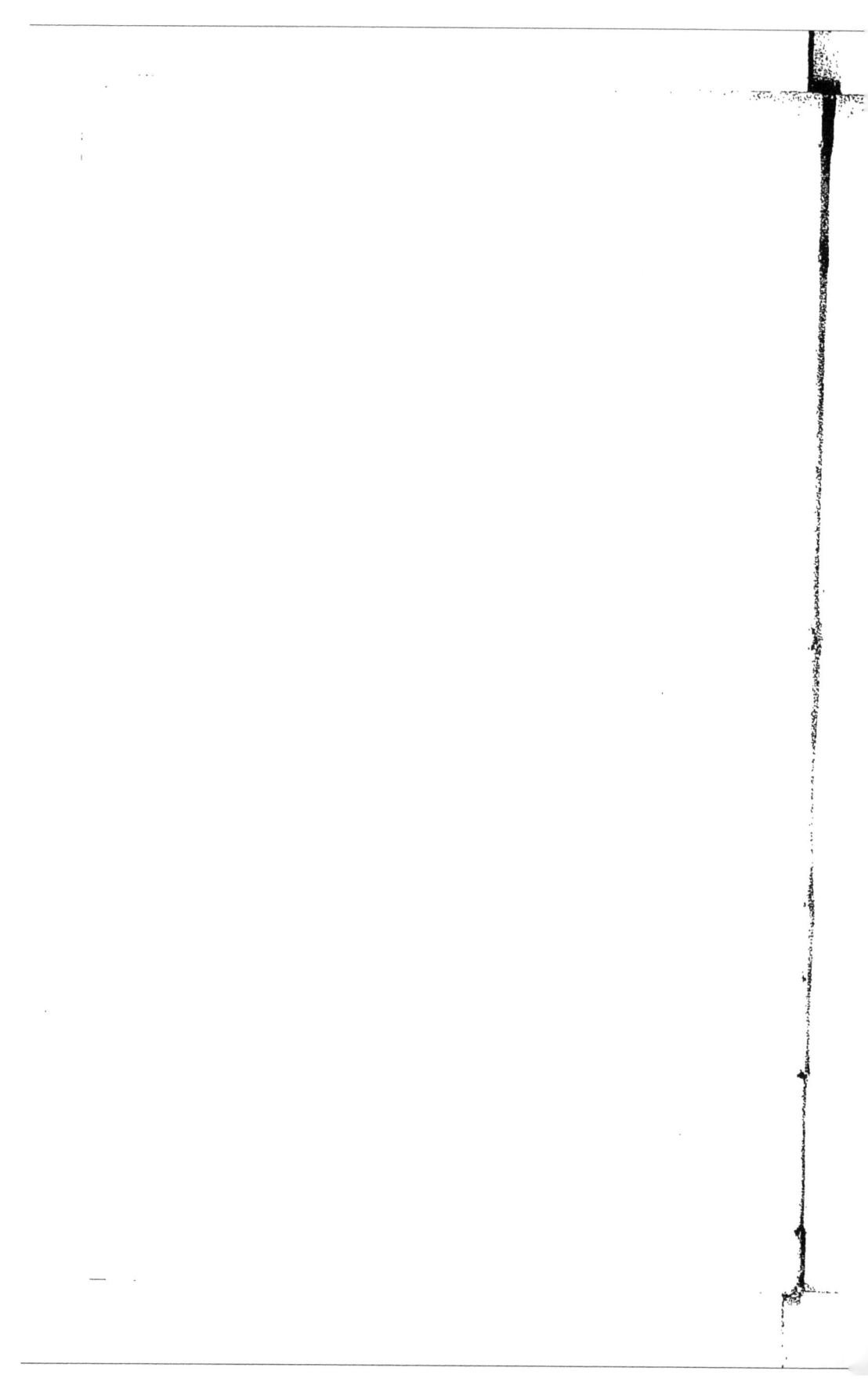

III

ASSAINISSEMENT

de la Rue et de la Maison

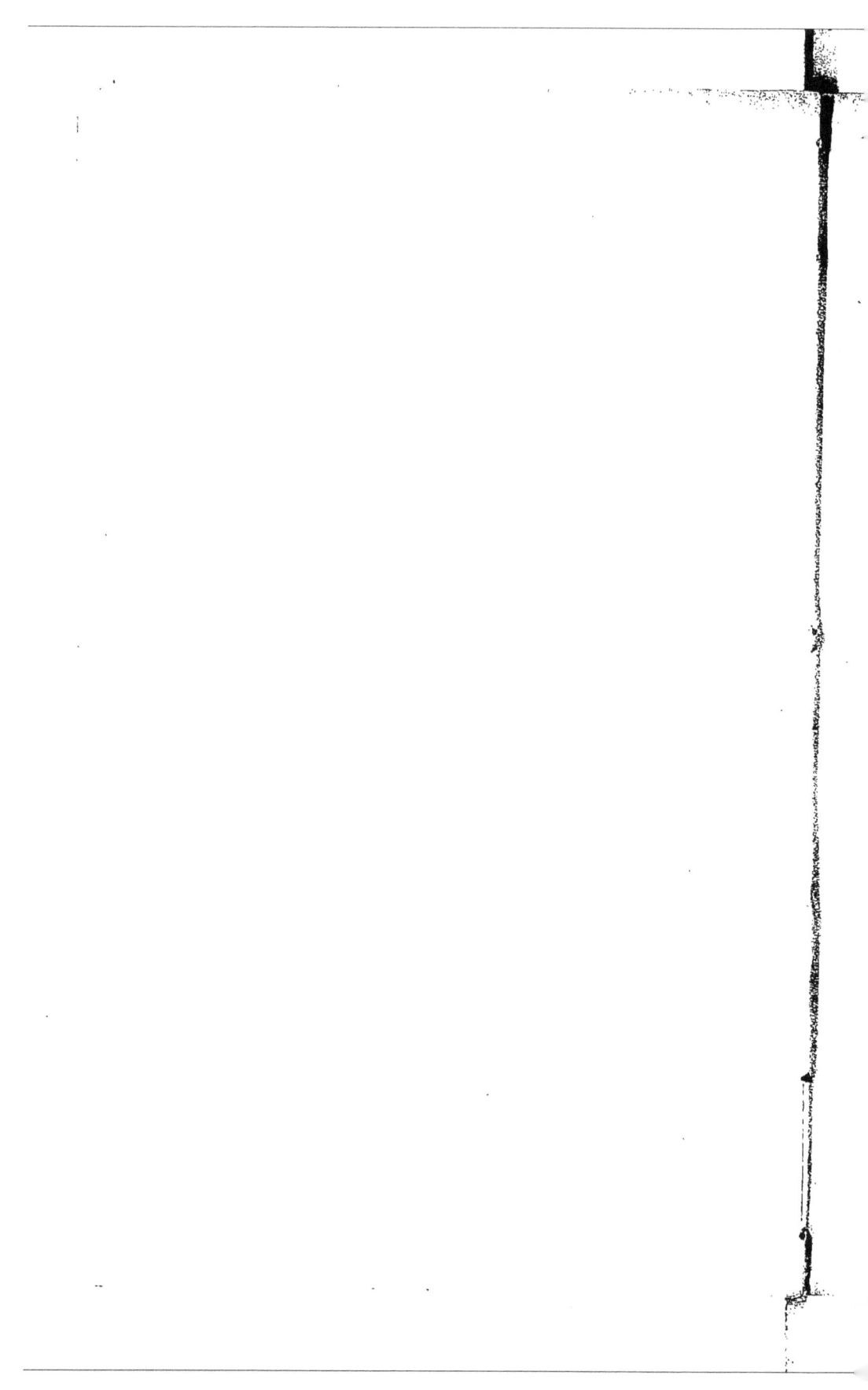

ASSAINISSEMENT
DE LA RUE & DE LA MAISON

I. Eaux ménagères; — Utilisation du réseau d'é-
gouts. — II. Détritus urbains; — Protection
de la voie publique; Utilisation agricole; —
Incinération. — III. La Maison.

La Société Niçoise d'Assainissement se borne, comme
nous l'avons dit, à présenter à la Municipalité un projet
de canalisation spéciale pour l'évacuation immédiate des
eaux fécales de la ville et leur transport rapide à la
campagne.

C'est donc simplement à titre d'indications et pour
compléter l'étude sur l'assainissement de Nice commencée
dans ce travail que nous dirons quelques mots des deux
autres faces du problème sanitaire à résoudre, savoir :

1° Écoulement des eaux ménagères ; — 2° Enlèvement
des détritus urbains.

I. — Eaux ménagères.
Utilisation du réseau d'égoûts.

Les eaux ménagères doivent être rigoureusement
exclues de toute canalisation spéciale. Si elles y étaient
admises, on retomberait dans l'erreur du Tout à l'Egout :

dilution excessive des matières et perte totale de l'engrais. Il faudrait en outre des tubes de trop grand diamètre, et vu la quantité de liquide à transporter, une force motrice trop considérable.

La solution rationnelle du problème des eaux ménagères consisterait dans un procédé pratique d'épuration de ces eaux à leur sortie de la maison, ce qui permettrait de les confier à l'égout, sans danger aucun, avec les eaux météoriques et les eaux de surface.

L'ingénieur Piattini propose un appareil liquéfateur des matières grasses des eaux ménagères, qu'il expérimente avec succès depuis plusieurs années.

Cet appareil n'est qu'un petit récipient décanteur placé au bas des chutes, où plongent à mi-hauteur les tuyaux d'amenée et de départ de ces liquides. Ces tuyaux sont repliés horizontalement, de manière que les liquides s'écoulent à mesure de leur arriver et laissent au-dessus une chambre où sont retenues les matières grasses qui surnagent.

Ces matières, sous l'influence de l'air, entraîné en grande quantité par la chute des liquides, s'oxydent rapidement ; et il se fait ainsi — *en vase clos* — une combustion plus ou moins complète des matières, lesquelles, se transformant en acides humiques solubles, s'associent à l'amoniaque contenu et forment du carbonate d'ammoniaque dont l'innocuité est reconnue. Toutes ces matières, ainsi liquéfiées, s'écoulent sans former aucun dépôt sur les parois.

Dans un but facile à comprendre, les partisans du Tout à l'Egout ou ceux du système Waring (qui n'est guère qu'un diminutif du Tout à l'Egout) ont beaucoup exagéré la nocuité des eaux ménagères. Ils sont allés jusqu'à la mettre en parallèles avec celle des eaux fécales. Quelques-uns même poussent l'exagération au point de prétendre qu'elles sont plus dangereuses.

Cette opinion n'est pas soutenable. Les eaux fécales charrient les germes des maladies zymotiques les plus redoutables, telles que la fièvre typhoïde et le choléra ; et il ne saurait faire doute un seul instant que la pullulation des microbes dangereux doive être considérable dans les matières organiques *animales* en décomposition et beaucoup moins sensible dans les matières organiques *végétales.*

Les eaux ménagères, quelle que soit leur nocuité relative, sont donc presque sans danger si on les compare aux déjections alvines sorties des water-closets ; et c'est pourquoi les hygiénistes, courant au plus pressé, ont recommandé tout d'abord la prompte évacuation de ces matières et surtout leur transport et leur traitement en vase clos. Car ce sont là les vrais générateurs d'épidémies.

Si les eaux ménagères continuent d'aller à l'égout, et que les eaux fécales n'y soient pas amenées, ce sera une atténuation considérable au danger. Une incommodité partielle vaut toujours mieux que l'incommodité totale ; et la sagesse des nations indique qu'entre deux maux, il faut choisir le moindre.

D'ailleurs, on ne doit pas ignorer que, seules, les eaux pluviales sont exemptes de reproche ; et que les eaux de la rue, actuellement entraînées à l'égout, renferment, elles aussi, des particules nocives dues à la présence de matières organiques susceptibles d'entrer en fermentation.

Cela empêche-t-il de confier leur transport à ces émissaires souterrains ?

On a fait depuis quelques années de grands travaux dans les égouts de Nice par des modifications de pente et de direction, par des réfections de radiers pour leur donner la forme ovoïde, par des apports considérables d'eau.

Le réseau ancien, si défectueux sous tant de rapports, a été sensiblement amélioré.

Tous ces travaux sont utiles et peuvent rendre d'incontestables services à l'hygiène de la cité.

Entrepris en vue du Tout à l'Egout, mais tout à fait insuffisants si l'on donne au réseau une telle destination, ils ont préparé une excellente canalisation pour les eaux ménagères. Leurs auteurs ne contesteront pas que les précautions prises par eux ne soient amplement efficaces pour assurer le drainage de ces eaux domestiques.

Le nier serait nier la valeur des égouts nouvellement refaits, leur étanchéité, leur facilité d'écoulement et de lavage. Puisque on se proposait d'y amener les déjections des habitants et qu'on se flattait de le faire sans danger aucun pour la santé publique, on pourra bien, à *fortiori*, leur confier le transport des eaux d'évier.

Telle paraît, d'ailleurs, être la pensée intime de M. le Maire. Dans la séance du Conseil municipal du 12 avril 1893, il a justifié une demande de crédit de

150,000 francs pour la réfection d'un certain nombre d'égouts en déclarrnt que le principe du Tout à l'Egout était complètement réservé et en fortifiant cette déclaration par la considération suivante :

« Dans aucun cas, Messieurs, la dépense que vous « allez voter ne sera inutile, car si les matières fécales « n'étaient pas amenées dans les égouts, ceux-ci serviraient « toujours, conformément à leur destination naturelle, au « transport des eaux pluviales, des eaux de surface et des « *eaux ménagères.* »

A ce dernier point de vue, ce serait certainement un bienfait qu'une pareille utilisation du réseau d'égouts transformé par les soins de M. Bérard, ingénieur de la Ville.

***

II. — Détritus urbains.

Protection de la voie publique.— Utilisation agricole.

Incinération.

***

L'enlèvement des balayures n'est pas un problème indifférent pour la salubrité d'une ville et sa solution rationnelle offre plus de difficultés qu'on ne pourrait le croire au premier abord.

Le soin le plus immédiat à prendre, c'est d'empêcher le dépôt de ces résidus ménagers sur la voie publique devant la porte des habitations.

Outre que ces dépôts ont quelque chose d'offensant pour le regard par leur aspect de malpropreté et qu'ils affectent désagréablement l'odorat, ils dégagent des émanations nuisibles qui peuvent porter atteinte à la santé publique.

Enfin ils sont une cause constante de dégradation pour la chaussée, qu'il est impossible d'entretenir proprement.

Les balayures de la maison doivent rester dans la maison jusqu'à ce qu'il soit pourvu à leur enlèvement quotidien. Il ne saurait être permis aux habitants d'infecter et de salir la rue, sous prétexte de se débarasser au plus vite des détritus qui les gênent.

Pour chaque ménage une boîte en zinc ; et pour la maison une caisse d'un modèle déterminé que l'on puisse remplir et vider facilement, placée dans une cour intérieure ou dans une cage d'escalier : voilà le mode le plus rationnel d'opérer ces dépôts temporaires, sans encombrer ni la rue ni la maison.

On a objecté à cette façon de procéder l'impossibilité d'opérer le tri qui se faisait avec tant de facilité dans les dépôts de la rue et qui permettait de relever une foule de résidus et de déchets dont le ménage ne voulait plus, mais dont l'industrie s'arrangeait fort bien, tels que linge, étoffes, papiers, vieux fers, cuirs, etc. On a été jusque à chiffrer par centaines de mille francs, voire même par millions, surtout pour une grande ville comme Paris, cette richesse aujourd'hui perdue, autrefois emmagasinée par le crochet et la hotte du chiffonnier.

Le tri du chiffonnier permettait quelquefois aussi de retrouver des objets précieux, bagues ou bijoux, égarés dans les balayures de la maison.

Il avait enfin l'avantage, plus appréciable encore, en débarrassant ces détritus des objets durs et encombrants, de les rendre plus aptes à la fermentation, dans le cas où l'on aurait voulu, comme engrais ou terreau, les employer pour l'agriculture.

Ces considérations n'ont pas arrêté la Préfecture de police de la Seine, qui, cédant à d'impérieuses nécessités d'hygiène, a supprimé les dépôts de balayures dans la rue et rigoureusement prescrit l'usage des boîtes dans les maisons.

Quant au tri, on estime qu'il peut se faire soit à l'intérieur, où le chiffonnier serait admis à pénétrer, avec l'autorisation du propriétaire, soit extérieurement et temporairement sur le trottoir de la rue, et mieux encore, d'une façon générale et méthodique, par les entreprises d'enlèvement elles-mêmes, aux différents points d'arrivée des balayures.

L'enlèvement des détritus urbains doit se faire régulièrement, aux heures matinales de la journée, et leur transport devrait toujours avoir lieu dans des tombereaux couverts.

Leur destruction, si importante pour la salubrité d'une ville, a toujours vivement préoccupé les municipalités.

A Nice, on déversait autrefois ces résidus dans un vaste terrain situé au quartier de Bon Voyage, avec la

pensée de les tenir gratuitement à la disposition des cultivateurs ; mais ceux-ci, loin de profiter de l'avantage qui
leur était offert, laissaient s'accumuler jour par jour des
monceaux de balayures qui finirent par créer un redoutable foyer d'infection.

On dut changer au plus vite cet état de choses ; et l'on
prescrivit alors le jet des balayures en mer, à douze kilomètres environ de la plage.

Ce moyen ne répond nullement aux exigences de
l'hygiène. Il est à la fois insalubre et malpropre. Les
immondices ne sont pas détruites, mais tout simplement
promenées par les courants et finalement rejetées, en
grande partie à la plage, sur un point ou un autre du
littoral.

On ne saurait considérer un tel régime comme définitif.
La question est donc encore actuellement pendante.

Pour la résoudre deux solutions se présentent.

La première consisterait à acquérir, dans les plaines
du Var par exemple, un vaste terrain ou des fosses profondes seraient creusées, de véritables silos destinés à l'enfouissement des balayures. Elles y seraient amenées journellement par les moyens de transport les plus économiques ; puis, après un tri sommaire, profondément ensevelies dans le sol et recouvertes d'une couche de terre.

Là, sous l'influence naturelle de la décomposition
organique, elles ne tarderaient pas à se transformer en
excellent terreau que l'on mettrait, pour un prix modique,
à la disposition des cultivateurs.

C'est une application ingénieuse, et parfaitement
légitime, du principe de la restitution au sol, qui domine
de si haut tout le problème sanitaire.

Reste à savoir si l'utilisation agricole des détritus
urbains est pratiquement possible dans ces conditions, et
si la richesse des éléments fertilisants qui y sont contenus
justifie une opération assez compliquée, et nécessairement
coûteuse, puisqu'il faut faire entrer en ligne de compte
des frais de transport élevés et les dépenses occasionnées
par le triage et l'enfouissement quotidiens.

Il faut prévoir aussi l'encombrement, qui nous paraît
inévitable au bout d'un temps assez court ; et c'est là ce
qui constitue à nos yeux le principal écueil du système,
qui exige l'emploi de surfaces toujours plus considérables.

Si on adoptait ce procédé, il serait donc tout à fait

nécessaire, comme nous l'avons proposé pour l'évacuation des eaux fécales, de le compléter par le traitement à l'usine des excédents.

La deuxième solution consiste à incinérer les balayures (soit en totalité, soit par excédents) dans des appareils assez perfectionnés pour garantir, en même temps que la destruction complète de ces détritus, la parfaite salubrité de l'opération.

Ces appareils existent. D'une expérience faite à Nice le 30 novembre 1887, et à laquelle assistait M. le docteur Balestre en sa qualité de directeur du Bureau Municipal d'hygiène, en présence également d'une délégation du Conseil Municipal assistée de M. Bérard, ingénieur de la Ville, il résulte que les matières en grande quantité, composées principalement de débris maraîchers et de résidus de rue, ont été, bien qu'elles fussent encore mouillées par une assez forte pluie, rapidement et entièrement brûlées par le four d'incinération.

Ce four, allumé à huit heures du matin, a consommé dans la journée un mètre cube à l'heure. Cent mètres cubes de matières incinérées donnent 1,500 kilogrammes de cendre criblées.

Les fumées qui sortent du four sont très chargées de vapeur d'eau; elles dégagent une odeur d'herbe brûlée, odeur assez piquante, mais nullement fétide.

M. le docteur Balestre, dans son rapport officiel en date du 5 décembre 1887, constate que cette invention constitue un réel progrès sur les fours Fryer, en usage en Angleterre. Ceux-ci coûtent fort cher et ne fonctionnent bien que parce que les balayures anglaises contiennent beaucoup de particules de charbon, ce qui facilite considérablement la combustion.

A Paris, où les balayures ne contiennent plus de débris de charbon, on a dû renoncer à l'emploi des fours Fryer.

Les appareils expérimentés à Nice sont beaucoup moins onéreux et fonctionnent bien, même sur des débris maraîchers mouillés. M. le docteur Balestre pense qu'ils seraient applicables aux moyennes et aux petites villes. Il estime enfin que ce procédé est appelé à résoudre la question des balayures et il serait heureux de voir ce progrès partir de la ville de Nice.

Ainsi tous les éléments de solution, en ce qui concerne l'enlèvement, le transport et la destruction des détritus urbains, sont à la portée de la Municipalité niçoise.

Il ne tient qu'à elle de résoudre cette question d'une façon complète, soit qu'elle adopte le procédé d'utilisation agricole par la transformation en terreau, soit qu'elle préfère celui de l'incinération, soit enfin qu'elle les combine l'un avec l'autre et les emploie concurremment tous les deux.

Dans tous les cas, il lui convient de réaliser au plus tôt ce désirable progrès en hygiène publique.

III. — La maison.

L'hygiène générale de la maison est d'importance capitale pour la salubrité d'une ville. Là se forment, par les déchets de la nutrition, tous les résidus qui doivent être évacués au plus tôt dans la campagne.

Là est la source de ces fleuves impurs qui circulent à travers la cité et qui, suivant que leur cours est activé ou ralenti, produisent la fertilité ou l'infection.

Le régime hygiénique applicable à une ville doit donc s'affirmer tout d'abord au point de départ, c'est-à-dire à la maison. On doit y retrouver en petit ce qui se fait en grand au dehors. Les principes sont invariables ; seule, leur application diffère, suivant le hasard des lieux et des circonstances.

Si la maison est bien tenue ; si les règles de l'hygiène y sont exactement observées ; si une méthode rationnelle y est mise en vigueur, la plus grande partie du problème est résolue : la canalisation des rues n'est qu'un prolongement de celles pratiquées dans l'habitation ; le drainage public achève le drainage domestique, et le tout forme un ensemble logique dont tous les éléments se complètent et sont solidaires les uns des autres.

Or, le principe fondamental qui règle en ville la canalisation spéciale pour l'évacuation des vidanges, c'est le *transport en vase clos*, sans contact aucun avec l'air ni avec le sol. Ce principe doit évidemment trouver son application dans la maison si nous voulons harmoniser la partie avec le tout et créer un système d'ensemble.

C'est pourquoi nous réduisons à deux les préceptes qui constituent l'hygiène générale de l'habitation :

1° Evacuation rapide et intégrale de tous les résidus liquides de la maison, tels que eaux fécales et eaux ménagères ; 2° Précautions contre le retour dans l'habitation des gaz méphitiques qui tiennent en suspension des miasmes dangereux.

Pour satisfaire au premier point, soit le départ immédiat des résidus liquides, sans arrêt à aucun moment, on recommande l'emploi de tuyaux à parois lisses, à coudes arrondis et de faible diamètre, de manière à éviter tout ralentissement dans la circulation et par suite tout dépôt permanent des matières organiques en décomposition. C'est le système tubulaire dans toute sa rigueur, appliqué à la canalisation intérieure, comme il doit l'être extérieurement aux canalisations souterraines de la ville.

Pour résoudre le second point, c'est-à-dire refoulement complet de l'air vicié par les gaz morbigènes, en vue de conserver toute sa pureté à l'air respirable de la maison, on empêche le retour intérieur de ces gaz et des germes qu'ils tiennent en suspension en leur opposant un obstacle infranchissable, qui est le syphon à fermeture hydraulique, ou coupe air.

Ces syphons doivent être posés partout où commence et partout où finit un conduit quelconque servant à évacuer les résidus liquides, et notamment :

(a) Au-dessous de la cuvette dans les lieux d'aisance ; (b) au-dessous de l'évier dans la cuisine. C'est la garantie de la pureté de l'air dans l'appartement ;

(c) Au bas du tuyau de chute des eaux fécales et au-dessus de son embranchement avec la canalisation de la rue ; (d) du bas du tuyau de chute des eaux ménagères et avant son entrée dans l'égout. C'est là ce que l'on appelle les syphons de pied ; ils livrent aisément passage aux résidus qui leur sont amenés par en haut, mais ils interceptent tous les gaz qui proviennent du dehors : ils affranchissent donc la conduite elle-même et par suite l'habitation.

En résumé, *canalisations à parois lisses, à faible diamètre*; *fermeture hydraulique des conduits*. C'est, dans la maison, un abrégé de ce qui se passe en ville, où les mêmes résultats sont obtenus par des moyens analogues : Les canaux et appareils, de moyenne dimension y sont hermétiques ; les liquides sont continuellement à l'abri de l'air ; l'évacuation est rapide. — C'est l'application immédiate, dès l'origine, dès le point de départ, du principe immuable des *transports en vase clos*.

Voilà ce qui explique pourquoi nous évitons de recommander la circulation continue d'air frais dans les conduits intérieurs de la maison que conseillent les partisans du « Tout à l'Egout ». Nous repoussons une telle ventilation parce que, avec la circulation de l'air frais, elle produit en même temps une circulation d'air vicié et qu'il faut bien se garder de livrer des germes morbides, quels qu'ils soient, au hasard des courants aériens.

Les partisans du « Tout à l'Egout » s'exagèrent beaucoup le pouvoir d'oxydation de l'air sur les matières organiques. Toutefois leur confiance dans cet élément ne va pas jusqu'à permettre la communication de l'évier ou de la cuvette des water-closets avec l'air de l'appartement, puisqu'ils prescrivent, eux aussi, la fermeture hydraulique de ces organes d'évacuation.

Seulement, par la ventilation en couronne des syphons hydrauliques, ils ne se contentent pas d'assurer le maintien de l'eau dans ces syphons, quelles que soient les quantités énormes de liquide qu'on y déverse : ils mettent en communication directe l'air vicié des conduits avec l'air pur du dehors.

Ils font mieux encore : pratiquant une ouverture à la partie inférieure de chaque conduit et prolongeant ce conduit jusqu'au-dessus des toits sous forme de tuyau d'évent, ils assurent par en bas une entrée continue d'air frais et par en haut une sortie d'air vicié. Telle est la ventilation systématique qu'ils préconisent.

Or, ce système prête le flanc à la critique. On ne voit pas pourquoi il serait permis à la maison d'empoisonner l'atmosphère par l'émission à jet continu de ses gaz méphitiques. Il n'est nullement démontré que l'oxygène de l'air détruise tous les microbes infectieux. Beaucoup d'entre eux y subsistent. Leur destruction est même tellement douteuse que plusieurs hygiénistes de l'école du Tout à l'Egout ont pensé compléter cette installation par des brûleurs énergiques. L'air ne paraissant pas suffire, on avait recours au feu : l'oxydation, ce n'était pas assez, il fallait la combustion.

Donc, ces germes pernicieux, n'étant pas détruits, sont dès lors charriés dans toutes les directions. Il est facile de comprendre quels énormes dangers peut faire courir à une ville un semblable système, s'il parvient à se généraliser. C'est la menace de l'épidémie suspendue en permanence sur toutes les têtes. Ce sont les fléaux promenés au hasard dans le ciel.

Le danger est plus grave encore si l'on considère que ce qui se passe dans la maison doit se passer aussi dans l'égout. D'après certains perfectionnements du système que nous discutons, des cuvettes hydrauliques sont appliquées aux bouches des égouts pour éviter l'infection de la rue, comme des syphons hydrauliques sont appliqués à l'évier et à la cuvette des lieux d'aisance pour éviter l'infection de l'appartement. Mais alors il faut ventiler l'égout comme on ventile la maison.

C'est-à-dire que des cheminées d'appel seront élevées de distance en distance et, surmontant tous les édifices de la cité, vomiront dans l'espace et en grande quantité, tous les gaz viciés évacués par l'égout. Là encore il faudra recourir à la combustion. Ainsi seront multipliés à l'infini ces foyers de pestilence qu'on ne sera jamais assuré de détruire, étant donné la difficulté d'entretenir un feu perpétuel. Le culte de Vesta, célèbre dans l'antiquité par les nombreux manquements de ses adeptes, suscite là-dessus de mélancoliques réflexions.

Nous laissons à d'autres le mérite de ce procédé et la responsabilité de telles complications. Le plus simple, suivant nous, pour s'épargner tant de soins, serait d'empêcher la formation de ces gaz délétères par le transport en vase clos, rapide et immédiat, depuis la maison jusqu'à l'usine ou aux champs, ce qui dispenserait de ces moyens empiriques. Nous croyons devoir nous en tenir à cette méthode prudente, assurés d'obéir aux principes généraux de l'hygiène et de satisfaire aux conditions de salubrité qui s'imposent à toute agglomération urbaine, qu'elle soit grande ou petite.

Le « Tout à l'Egout » a mis en tête de son programme l'abolition de la fosse fixe. Mais il ne s'aperçoit pas qu'il la rétablit dans de vastes proportions. Qu'est-ce, en effet, qu'un réseau d'égouts en maçonnerie ordinaire auquel sont confiées des eaux vannes souillées de germes morbides et d'un transport douteux quant à la rapidité de l'évacuation, sinon une immense fosse fixe, alimentée par une multitude de tuyaux de chute et ventilée par un nombre égal de tuyaux d'évent ?

En y ajoutant la perméabilité des matériaux et la compressibilité du terrain qui déterminent les infiltrations, on se convaincra que ni l'air ni le sol ne sont à l'abri de la pollution des produits gazeux ou liquides engendrés par l'application de ce procédé.

Pour nous résumer sur l'hygiène générale de la maison, nous dirons que l'observation des règles mentionnées et recommandées par nous est de rigueur absolue. Quelle que soit l'excellence du système général d'évacuation adopté, il ne donnera jamais son plein et entier effet si les particuliers n'observent pas chez eux ces prescriptions d'ordre fondamental.

Ajoutons que pour assurer la salubrité de l'habitation, il faut de l'air et de l'eau en abondance. Il n'y a pour ainsi dire aucune limite à l'emploi de l'air et de l'eau, pour la propreté comme pour la salubrité de l'habitation.

L'appartement sera largement aéré par ses ouvertures normales et un flux pour ainsi dire incessant d'oxygène viendra renouveler le milieu respirable. L'eau sera utilisée avec prodigalité pour le lavage.

C'est à ces conditions, et non pas comme véhicules de germes morbides, que l'air et l'eau rempliront leur office d'agents hygiéniques.

www.ingramcontent.com/pod-product-compliance
Lightning Source LLC
Chambersburg PA
CBHW071004280326
41934CB00009B/2167